CYRIL LIGNAC
CUISINE CHEZ VOUS
12 recettes exclusives en pas à pas

Cyril Lignac

Depuis près de vingt ans maintenant, je me passionne pour la cuisine de produits frais, de proximité et de saison, que j'aime privilégier pour chacun de mes plats. Ma curiosité et ma passion pour les nouvelles saveurs et les nouveaux produits me nourrissent et me permettent de créer sans cesse des recettes, ou de réinventer celles que j'apprécie par-dessus tout. Dans cet ouvrage, je vous en fais découvrir douze inédites, que j'ai pris le soin de découper étape par étape, afin de vous faciliter la tâche et de vous accompagner dans leur réalisation. Objectif : zéro ratage ! Laissez-vous faire, vous verrez, c'est bon, c'est facile, et cela fera plaisir à tous ceux que vous aimez. Alors pourquoi se priver d'un tel moment de bonheur et de partage ? Suivez-moi, nous allons nous régaler.

CYRIL LIGNAC

SOMMAIRE

P.12

P.20

P.28

P.36

P.44

P.52

P.60

P.68

P.76

P.84

P.92

P.100

ŒUFS BROUILLÉS, PETITS POIS ET AVOCAT, CROÛTONS

INGRÉDIENTS

Pour : 4 personnes
Temps de préparation : **40 minutes**
Temps de cuisson : **45 minutes**

LES PETITS POIS
- **500 g** de petits pois non écossés
- **5 g** de gros sel
- Sel fin, poivre du moulin
- **5 g** de beurre
- Vinaigrette

L'AVOCAT
- **1** avocat
- **1** jus de citron jaune frais
- Sel fin, poivre du moulin
- Vinaigrette

LES CROÛTONS
- **2** tranches de pain de mie
- **10 g** de beurre

LES ŒUFS BROUILLÉS
- **4** œufs bio
- **20 g** de beurre demi-sel
- **50 g** de crème liquide
- Poivre du moulin

Ø1

LES PETITS POIS

Plongez les petits pois dans une grande casserole d'eau bouillante salée et laissez-les cuire jusqu'à ce qu'ils soient fondants (30 minutes environ).

Ø2

Égouttez-les puis plongez-les dans un bain d'eau froide avec des glaçons. Réservez-les.

Ø3

L'AVOCAT

Sur une planche, coupez l'avocat en deux et retirez le noyau. Épluchez-le soigneusement et taillez les demi-avocats en deux dans la longueur.

04 Taillez chaque quart d'avocat en 5 morceaux. Placez-les dans un bol et arrosez-les de jus de citron. Réservez au frais.

05 **LES CROÛTONS**

Coupez les tranches de pain de mie en petits carrés. Faites fondre le beurre dans une casserole et jetez-y les cubes de pain. Laissez-les rissoler et réservez.

06 **LES ŒUFS BROUILLÉS**

Placez le beurre et les œufs dans une casserole conique froide. Assaisonnez de poivre du moulin.

07 Mélangez au fouet, faites chauffer et continuez à mélanger jusqu'à ce que les œufs soient bien crémeux.

08 Éteignez le feu et stoppez la cuisson avec la crème. Rectifiez l'assaisonnement.

09 **LA FINITION ET LE DRESSAGE**

Dans une casserole, réchauffez les petits pois avec le beurre et 1 cuillère à soupe d'eau.

10 Dressez les œufs brouillés au centre de l'assiette.

11 Déposez les petits pois tout autour.

12 Disposez les morceaux d'avocat. Finissez en ajoutant un filet de vinaigrette sur les légumes et en parsemant de croûtons.

TARTINE DE TOURTEAU AUX AGRUMES, AVOCAT ET PIQUILLO

INGRÉDIENTS

Pour : 4 personnes
Temps de préparation : **1 heure**
Temps de cuisson : **10 minutes**

LE TOURTEAU EN VINAIGRETTE

- **1** tourteau de 800 g

POUR LA NAGE

- **1** oignon coupé en morceaux
- **1** carotte épluchée et coupée en morceaux
- **5** grains de poivre noir
- **1** clou de girofle
- **5 g** de gros sel
- **1** petite feuille de laurier
- **1** branche de thym frais

POUR LA VINAIGRETTE

- **3** c. à s. d'huile d'olive
- **1** c. à s. de balsamique blanc
- **1** zeste de citron vert
- le jus de ½ citron vert
- **1** pincée de safran en poudre
- **1** tour de moulin à poivre
- Sel fin

LES ÉLÉMENTS DE GARNITURE

- **4** tranches de pain de campagne pas trop épaisses
- Huile d'olive
- **1** avocat mûr en purée
- **1** piment piquillo taillé en fine brunoise
- le jus de ¼ de citron jaune
- **1** zeste de citron jaune
- Sel fin
- Piment d'Espelette

LA FINITION ET LE DRESSAGE

- **1** citron vert
- **8** feuilles de coriandre

Ø1

LE TOURTEAU EN VINAIGRETTE

Dans une marmite d'eau bouillante, versez les éléments de la nage.

Ø2

Plongez-y le tourteau vivant et laissez-le cuire 10 minutes.

Ø3

Au terme de la cuisson, égouttez-le à l'aide d'une écumoire et déposez-le dans un plat pour qu'il refroidisse.

Ø4 Une fois le tourteau refroidi, récupérez la chair des pinces et du corps.

Ø5 Versez la chair dans un saladier, émiettez-la le plus possible et assaisonnez-la avec la vinaigrette safranée. Réservez.

06 **LES ÉLÉMENTS DE GARNITURE**

Passez les tartines au grille-pain. Versez quelques gouttes d'huile d'olive sur chaque tranche.

07 Écrasez l'avocat en purée. Ajoutez le piment coupé en tout petits morceaux, le jus de citron, le zeste et l'assaisonnement.

08 Étalez la préparation sur les tranches de pain grillé.

09 Recouvrez de chair de tourteau. Découpez les tartines en 4 morceaux.

10 **LA FINITION ET LE DRESSAGE**

Servez avec des tranches de citron vert et quelques feuilles de coriandre.

RICOTTA MAISON, BETTERAVES EN SALADE, FRUITS SECS

INGRÉDIENTS

Pour 4 personnes
Temps de préparation : **1 heure**
Temps de cuisson : **2 heures 15**
Temps de repos : **1 nuit au frais**

LA RICOTTA
250 g de lait entier
125 g de crème liquide (35 % MG)
2 pincées de sel fin
10 g de jus de citron jaune bio

LES BETTERAVES
4 betteraves de couleur, de 5 à 6 cm de diamètre (orange, jaune, blanche, rose)
15 g de beurre doux
1 pincée de sel fin
1 pincée de sucre semoule
1 tour de poivre du moulin
25 g d'eau
2 c. à s. de balsamique blanc
6 c. à s. d'huile d'olive extravierge
- Fleur de sel de Guérande
- Poivre du moulin

LES FRUITS SECS
1 c. à s. de graines de tournesol
1 c. à s. de sésame blond
1 c. à s. de graines de courge frites à la poêle
2 c. à s. de noisettes torréfiées et concassées

LA FINITION ET LE DRESSAGE
1 citron jaune

Ø1 **LA RICOTTA**
Dans une casserole, versez le lait, la crème et le sel fin. Portez à ébullition.

Ø2 Baissez le feu et ajoutez le jus de citron en mélangeant avec un fouet. Laissez cuire sur feu très doux jusqu'à ce que le lait commence à cailler.

Ø3 Arrêtez le feu. Couvrez la préparation et laissez-la reposer sans remuer pendant 45 minutes. Déposez un linge très fin dans une passoire placée au-dessus d'un plat ou d'un saladier. Versez la ricotta dedans et laissez refroidir à température ambiante.

Ø4 Laissez reposer ensuite au frais avec un film par-dessus. Le lendemain, récupérez la ricotta et réservez-la dans une boîte au réfrigérateur.

Ø5 **LES BETTERAVES**

Lavez les betteraves à l'eau claire froide. Déposez-les sur une grande feuille de papier sulfurisé (doubler la feuille) de 30 cm de long, étalée sur la plaque du four. Assaisonnez de sel fin, de sucre, d'un tour de moulin à poivre et couvrez de cubes de beurre.

Ø6 Recouvrez avec une autre feuille et formez une papillote sans oublier de verser l'eau dedans pour éviter que cela ne brûle. Enfournez pour 1h30 à 180 °C.

Ø7 Au terme de la cuisson, ouvrez la feuille sans la déchirer, en faisant attention à la condensation. Piquez les betteraves avec la pointe d'un couteau : elles doivent être fondantes.

Ø8 Si la cuisson est parfaite, ouvrez complètement la feuille, laissez les betteraves refroidir à température ambiante puis épluchez-les et coupez-les en petits quartiers.

Ø9 **LES FRUITS SECS**

Mélangez ensemble les ingrédients. Réservez.

10 **LA FINITION ET LE DRESSAGE**
Dans un bol, versez l'huile d'olive et le balsamique blanc pour faire une vinaigrette.

11 Assaisonnez les betteraves avec la vinaigrette, un peu de fleur de sel et de poivre du moulin. Déposez-les dans des assiettes creuses.

12 Ajoutez harmonieusement la ricotta, assaisonnez-la de fleur de sel et de poivre du moulin.

13 Parsemez de fruits secs. Zestez un citron jaune sur le dessus à l'aide d'une Microplane.

RAVIOLES DE CHÈVRE FRAIS, CRÈME DE CRESSON CITRONNÉE

INGRÉDIENTS

Pour : 4 personnes
Temps de préparation : **1 heure**
Temps de cuisson : **15 minutes**

LES RAVIOLES DE CHÈVRE FRAIS

- **24** feuilles de ravioles chinoises
- **100 g** de fromage de chèvre frais
- **50 g** de jaunes d'œufs
- Poivre du moulin

LA CRÈME DE CRESSON

- **2** bottes de cresson
- **1** pincée de gros sel
- **500 g** de crème liquide (35 % MG)
- Sel fin, poivre du moulin
- le jus de 1 citron jaune

LA FINITION ET LE DRESSAGE

- **1** zeste de citron jaune
- **4** petites feuilles de menthe

5. 0L
4. 0L
CYRIL LIGNAC

01 **LES RAVIOLES DE CHÈVRE FRAIS**
Déposez les 12 feuilles de ravioles sur le plan de travail. À l'aide d'un pinceau, badigeonnez le tour de chacune de jaune d'œuf.

02 Placez ensuite 1 cuillerée de chèvre frais poivré au centre.

03 Recouvrez chaque feuille de raviole d'une seconde feuille. Collez-les sans faire de plis, en veillant à chasser l'air.

04 À l'aide d'un emporte-pièce d'un diamètre d'environ 6 cm, moulez chaque raviole et réservez sur une assiette au frais.

05

LA CRÈME DE CRESSON

Plongez les feuilles de cresson préalablement équeutées dans une sauteuse remplie d'eau bouillante salée.

06

Laissez-les cuire jusqu'à ce qu'elles soient bien molles. Sortez-les de l'eau bouillante et plongez-les dans un bain d'eau glacée.

07

Faites chauffer la crème dans une sauteuse. Pendant ce temps, mixez le cresson cuit.

08 Versez la crème chaude dessus et mixez à nouveau.

09 Salez, poivrez au moulin. Parfumez avec le jus de citron et réservez au frais.

10 **LA FINITION ET LE DRESSAGE**

Plongez les ravioles dans une casserole d'eau frémissante et laissez-les cuire 6 minutes.

11 Réchauffez la crème de cresson dans la sauteuse et faites la mousser légèrement à l'aide d'un mixeur plongeant.

12 Déposez les ravioles dans des assiettes creuses et recouvrez-les de crème de cresson mousseuse.

13 Ajoutez quelques feuilles de cresson assaisonnées de vinaigrette à base d'huile d'olive et de balsamique blanc.

14 Zestez le citron jaune directement au-dessus de l'assiette et ajoutez 1 feuille de menthe ciselée.

FILETS DE ROUGETS GRILLÉS AUX HERBES, FINE RATATOUILLE AUX ÉPICES DOUCES

INGRÉDIENTS

Pour : 4 personnes
Temps de préparation : **1 heure**
Temps de cuisson : **15 minutes**

LES FILETS DE ROUGETS
- **4** rougets entiers de 500 g en filets
- Huile d'olive
- Sel fin, poivre du moulin

LA FINE RATATOUILLE
- **1** tomate pelée et épépinée
- **2** petites courgettes
- **1** petite aubergine pelée
- **1** petit poivron pelé
- Sel fin
- Huile d'olive
- **6** feuilles de coriandre
- **4** feuilles de basilic
- **½** c. à c. de garam masala
- **2** pincées de cannelle en poudre
- **1** pincée de coriandre en poudre
- **1** pincée de cumin en poudre
- **1** pincée d'anis sauvage en graines
- **1** zeste de citron jaune frais

01 **LES FILETS DE ROUGETS**
Sortez les filets de rougets désarêtés du réfrigérateur et salez-les.

02 Versez un filet d'huile d'olive dans la poêle, placez-y les filets de rouget côté peau et laissez-les cuire.

03 Retournez-les, laissez-les dorer côté chair puis stoppez la cuisson. Déposez-les sur une feuille de papier absorbant, partie charnue en dessous.

04 Parsemez la peau de fleur de sel.

05 **LA FINE RATATOUILLE**
Découpez les légumes en brunoise.

06 Dans une poêle-gril, versez l'huile d'olive. Ajoutez les courgettes, salez-les et laissez-les suer sans trop de coloration.

07 Quand elles sont fondantes, placez-les dans un plat ou dans un saladier.

08 Renouvelez l'opération avec les aubergines.

09 Renouvelez l'opération avec les poivrons.

10 Réservez tous les légumes dans le saladier.

11 Découpez les tomates en brunoise et ajoutez-les aux légumes.

12 Incorporez les herbes ciselées fraîches, les épices mélangées et le zeste de citron. Laissez à température ambiante.

13 **LA FINITION ET LE DRESSAGE**

Dans des assiettes plates ou creuses, déposez la ratatouille à température ambiante ou tiède.

14 Disposez les filets de rougets par-dessus.

SAUMON À L'HUILE D'OLIVE, CHOU KALE EN SALADE AUX ANCHOIS

INGRÉDIENTS

Pour : 4 personnes
Temps de préparation : **1 heure**
Temps de cuisson : **10 minutes**

LA SAUCE CÉSAR

- **1** œuf dur
- **2** c. à s. de parmesan râpé
- **¼** de gousse d'ail
- le jus de 3 citrons jaunes
- **1** c. à s. d'anchois marinés
- **3** c. à s. d'huile de pépins de raisin
- **3** c. à s. de crème liquide entière

LE CHOU KALE

- **8** grandes feuilles de chou kale
- Sel fin
- **1** zeste de citron jaune
- **4** feuilles de menthe fraîche finement ciselée
- Piment d'Espelette

LE SAUMON

- **4** pavés ou darnes de saumon
- Huile d'olive
- le jus de 1 citron frais
- **¼** de litre de bouillon de légumes
- Sel fin, poivre du moulin

LA FINITION ET LE DRESSAGE

- **4** filets d'anchois marinés
- **25 g** de petits croûtons frits au beurre
- **1** zeste de citron jaune

01 **LA SAUCE CÉSAR**
Mélangez tous les ingrédients dans un bol.

02 Mixez avec un mixeur plongeant jusqu'à obtention d'une crème onctueuse.

03 **LE CHOU KALE**
Émincez finement le chou kale, sans les côtes.

Ø4 Placez le chou kale dans un saladier. Assaisonnez-le de sauce césar (gardez-en 7 c. à s. pour la suite de la recette) et de zeste de citron.

Ø5 Ajoutez la menthe et le piment d'Espelette. Mélangez et salez si nécessaire. Réservez dans le saladier le temps de cuire le saumon.

Ø6 **LE SAUMON**

Salez les morceaux de saumon à l'avance (au minimum 15 minutes avant, pour que les chairs soient imprégnées).

07 Versez l'huile d'olive dans la poêle. Ajoutez les morceaux de saumon, laissez-les colorer.

08 Déglacez avec du jus de citron, arrosez le poisson puis laissez réduire. Déglacez à nouveau, avec le bouillon de légumes.

09 Au terme de la cuisson, retirez les morceaux de saumon et posez-les sur une assiette. Jetez le jus de cuisson.

10 Faites à nouveau chauffer les morceaux de saumon dans la poêle propre, à feu très doux. Versez 3 cuillères à soupe de sauce César et déglacez. Laissez chauffer le temps de dresser les assiettes.

11 **LA FINITION ET LE DRESSAGE**
Dans des assiettes plates, déposez le chou kale et 1 cuillère de sauce césar.

12 Dressez le chou kale au centre de l'assiette, puis déposez le saumon par-dessus. Versez 1 cuillère de jus de cuisson.

13 Ajoutez 1 filet d'anchois mariné préalablement coupé en morceaux sur chaque darne de saumon. Parsemez tout le plat de petits croûtons et de zeste de citron jaune.

BOLOGNAISE DE BŒUF À L'AUBERGINE ET AUX COURGETTES

INGRÉDIENTS

Pour : 4 personnes
Temps de préparation : **1 heure 20**
Temps de cuisson : **45 minutes**

LE BŒUF EN BOLOGNAISE

800 g de viande de bœuf hachée
1 trait d'huile d'olive
25 g de beurre demi-sel
3 oignons roses de Roscoff finement émincés
1 branche de thym frais
1 feuille de laurier
1 litre de sauce tomate italienne de bonne qualité
¼ de botte de coriandre ciselée
200 g de parmesan râpé
- Sel fin, poivre du moulin

L'AUBERGINE ET LES COURGETTES

1 aubergine coupée en rondelles
2 courgettes coupées en rondelles
- Huile d'olive

1 branche de thym frais
1 feuille de laurier
- Sel fin, poivre du moulin

LA FINITION ET LE DRESSAGE

- Poivre du moulin
- Feuilles de basilic ciselées
- Parmesan râpé minute

Ø1

LE BŒUF EN BOLOGNAISE

Versez l'huile dans une sauteuse chaude puis ajoutez la viande. Salez et poivrez-la.

Ø2

Mélangez et laissez ressortir l'eau de cuisson. Égouttez la viande.

03 Versez le beurre dans la même sauteuse. Ajoutez les oignons, salez-les et laissez-les caraméliser, jusqu'à ce qu'ils prennent une belle couleur blond foncé.

04 Faite à nouveau cuire la viande. Poursuivez la caramélisation, puis ajoutez le thym et le laurier.

05 Incorporez la sauce tomate et remuez bien le tout.

Ø6 Faites revenir jusqu'à ce que la sauce ait bien imprégné la viande. Laissez cuire 1 heure minimum, sur feu très doux, sans couvrir.

Ø7 À la fin de la cuisson, ajoutez la coriandre ciselée et le parmesan râpé. Mélangez à nouveau. Versez dans un plat allant au four.

Ø8 **LES AUBERGINES ET COURGETTES**
Versez l'huile d'olive dans une poêle-gril. Ajoutez les rondelles de légumes. Salez, poivrez, puis incorporez le thym et le laurier

09 Laissez cuire des deux côtés jusqu'à obtention d'une belle coloration.

10 Quand les légumes sont fondants, arrêtez la cuisson et déposez-les dans le plat de viande. Enfournez pour 15 minutes à 180 °C.

11 **LA FINITION ET LE DRESSAGE**

Sortez le plat du four. Parsemez toute sa surface de parmesan râpé, d'un peu de basilic ciselé et d'un tour de moulin à poivre.

CÔTE DE VEAU RÔTIE AUX HERBES, POMMES DE TERRE ET ASPERGES VERTES AU CITRON CONFIT

INGRÉDIENTS

Pour : 4 personnes
Temps de préparation : **1 heure**
Temps de mise en température de la côte : **3 heures**
Temps de cuisson : **56 minutes**
Temps de repos : **20 minutes**

LA CÔTE DE VEAU

- **1** côte de veau de 1,6 kg à 1,8 kg
- Sel fin, poivre du moulin
- **1** trait d'huile de pépins de raisin
- **50 g** de beurre demi-sel
- **1** branche de thym frais
- **1** petite feuille de laurier
- **1** petite branche de romarin
- **3** petites feuilles de sauge

LES LÉGUMES

- **500 g** de pommes de terre grenailles
- **1** citron jaune bio en morceaux
- **12** asperges vertes

LES ÉLÉMENTS DE FINITION

- **25 g** d'amandes effilées
- Fleur de sel de Guérande
- Poivre du moulin

CONSEIL

Pensez à sortir la côte de veau du réfrigérateur 3 à 4 heures avant de la cuisiner, pour une meilleure cuisson.

Ø1 Versez l'huile puis le beurre dans une grande poêle chaude. Quand le beurre est noisette, ajoutez les herbes.

Ø2 Salez et poivrez la côte de veau. Déposez-la dans la poêle.

Ø3 Laissez-la colorer sur les deux faces.

04 Ajoutez les pommes de terre et les quartiers de citron jaune tout autour.

05 Enfournez pour 20 minutes à 180 °C. Arrosez régulièrement la côte de veau avec le jus de cuisson et retournez-la à mi-cuisson (10 minutes).

Ø6 Au terme de la cuisson, sortez la côte, déposez-la dans une assiette et laissez-la reposer au moins 20 minutes.

Ø7 Remettez la poêle au four avec les pommes de terre pendant 30 minutes, pour qu'elles soient bien fondantes. Au bout de 20 minutes, posez les asperges préalablement coupées en deux dans le sens de la longueur sur les pommes de terre, et terminez la cuisson (10 minutes).

Ø8 Au terme de la cuisson, redéposez la côte de veau dans le plat, sur les légumes, et enfournez à nouveau pour 6 minutes, afin de réchauffer la viande.

09 Sortez la poêle du four et taillez
la côte en tranches.

10 Déposez les tranches de veau dans les assiettes ou dans un plat de service, avec les pommes de terre, les asperges et le jus de cuisson. Parsemez la viande de fleur de sel et de poivre du moulin. Ajoutez quelques amandes effilées.

PAIN PERDU AUX FRAISES, GLACE NOIX DE COCO

INGRÉDIENTS

Pour : 4 personnes
Temps de préparation : **30 minutes**
Temps de cuisson : **10 minutes**

LE PAIN PERDU
- **4** tranches de brioche ronde de 12 cm de diamètre et 2 cm d'épaisseur
- **¼** de litre de lait entier
- **1** œuf entier
- **20 g** de sucre semoule
- **¼** de gousse de vanille

LA CUISSON
DU PAIN PERDU
- **20 g** de beurre doux
- **1** c. à s. de sucre semoule

LA FINITION ET LE DRESSAGE
- **100 g** de sirop (50 g d'eau/50 g d'eau)
- **20** fraises coupées en quatre
- **4** boules de glace à la noix de coco
- **QS** de noix de coco fraîche torréfiée

01

LE PAIN PERDU
Versez le lait dans un saladier. Ajoutez l'œuf, le sucre et la pulpe de la vanille. Mélangez.

02

Trempez les tranches de brioche dans la préparation en effectuant des allers-retours. Déposez-les sur une assiette.

03 Versez le beurre dans une poêle chaude. Laissez-le fondre et légèrement colorer, puis déposez les tranches de brioche.

04 Saupoudrez avec la moitié du sucre, laissez légèrement caraméliser. Retournez les tranches de brioche et répétez l'opération.

05 Retirez les tranches de brioche et déposez-les dans les assiettes.

06 **LA FINITION ET LE DRESSAGE**

Versez 2 à 3 cuillères à soupe de sirop dans une poêle. Quand il est chaud, ajoutez les fraises coupées en morceaux pour les réchauffer quelques secondes.

07 Dans les assiettes, déposez les fraises sur les tranches de brioche.

08 Finissez en ajoutant une boule de glace à la noix de coco. Parsemez de noix de coco torréfiée.

SOUPE DE CHOCOLAT AU LAIT, GLACE MENTHE

INGRÉDIENTS

Pour : 4 personnes
Temps de préparation : **40 minutes**
Temps de cuisson : **5 minutes**
Temps de repos : **1 nuit au frais**

LA SOUPE AU CHOCOLAT AU LAIT
200 g de crème liquide
300 g de chocolat Tanariva ou Jivara ou chocolat au lait
40 cl de crème fleurette entière

LA FINITION ET LE DRESSAGE
4 boules de glace à la menthe
4 feuilles de menthe fraîche
- Quelques copeaux de chocolat noir

0.75L
0.25L

01 **LA SOUPE AU CHOCOLAT AU LAIT**
Faites chauffer la crème liquide dans une casserole.

02 Versez-la sur le chocolat préalablement coupé en petits morceaux.

03 Mélangez vivement jusqu'à obtention d'un appareil bien amalgamé. Réservez au frais.

04 Le lendemain, versez la préparation
dans la cuve d'un robot ou dans un saladier
et montez la préparation en chantilly.

05 Dans un autre bol, montez la crème fleurette
à l'aide d'un batteur.

06 Ajoutez-la à la préparation et mélangez délicatement le tout. Réservez au frais.

07 Au moment du service, mettez le bol au bain-marie et laissez réchauffer doucement.

08 Émulsionnez à l'aide d'un mixer plongeant, pour former une jolie mousse sur le dessus.

09 **LA FINITION ET LE DRESSAGE**
Versez la soupe au chocolat émulsionnée dans des bols.

10 Ajoutez une boule de glace à la menthe et des feuilles de menthe. Vous pouvez également décorer avec des copeaux de chocolat réalisés à l'aide d'un économe. Servez immédiatement.

POIRES AU CARAMEL D'ÉPICES, CHANTILLY ET GLACE VANILLE

INGRÉDIENTS

Pour : 4 personnes
Temps de préparation :
30 minutes
Temps de cuisson :
45 minutes

LES POIRES AU SIROP

- **4** poires conférence épluchées
- **250 g** de sucre semoule
- le jus de 1 orange + le zeste à l'économe rasoir
- **1 l** d'eau
- **1** gousse de vanille
- **1** petit bâton de cannelle
- **1** anis étoilé
- **1** branche de thym frais

LA CHANTILLY VANILLE

- **250 g** de crème liquide entière
- **20 g** de sucre glace
- la pulpe de ½ gousse de vanille

LE CARAMEL DE NOISETTES

- **25 g** de glucose
- **140 g** de sucre semoule
- **300 g** de crème liquide entière
- **200 g** de noisettes concassées et torréfiées

LA FINITION ET LE DRESSAGE

- **4** boules de glace à la vanille
- **50 g** d'amandes effilées

Ø1 **LES POIRES AU SIROP**
Versez le sucre et le jus d'orange dans une casserole. Faites chauffer jusqu'à obtention d'un caramel blond.

Ø2 Portez l'eau à ébullition dans une deuxième casserole, puis faites décuire le caramel avec l'eau en veillant à ne pas vous brûler.

Ø3 Ajoutez les zestes de l'orange et la gousse de vanille fendue et grattée. Incorporez les épices douces et le thym frais, selon la recette ou à votre convenance.

04 Faites bouillir le tout, puis ajoutez les poires. Laissez-les cuire jusqu'à ce qu'elles soient bien transparentes.

05 Stoppez la cuisson et laissez-les refroidir dans le sirop. Récupérez un peu de sirop et faites-le réduire pour napper les poires au moment de servir.

06 **LA CHANTILLY VANILLE**

Mélangez tous les ingrédients dans un saladier.

07 Versez dans un siphon à chantilly, gazez selon la contenance et réservez au frais. Vous pouvez également monter la crème à la main dans un saladier très froid, avec un fouet également très froid. Versez-la ensuite dans une poche munie d'une douille cannelée de taille moyenne.

08 **LE CARAMEL DE NOISETTES**
Dans une casserole, versez le glucose et le sucre. Faites chauffer jusqu'à obtention d'un caramel blond.

09 Versez la crème dans une seconde casserole et faites-la bouillir. Versez délicatement cette crème chaude dans le caramel, en veillant à ne pas vous brûler.

10 Faites réduire si besoin : il ne faut pas que le caramel soit trop liquide, il doit napper une cuillère. Ajoutez les noisettes et réservez.

11 **LA FINITION ET LE DRESSAGE**
Déposez une boule de glace à la vanille dans une coupe.

12 Disposez les poires en quartiers et la chantilly par-dessus.

13 Finissez avec le caramel de noisettes chaud (mais pas brûlant) et parsemez d'amandes effilées.

ŒUFS EN NEIGE, FRUITS EXOTIQUES ET CRÈME ANGLAISE PASSION

INGRÉDIENTS

Pour : 4 personnes
Temps de préparation : **1 heure 15**
Temps de cuisson : **15 minutes**
Temps de repos : **1 heure**

LES ŒUFS EN NEIGE
3 blancs d'œufs bio
37 g de sucre semoule
½ zeste de citron vert frais

LA CRÈME ANGLAISE PASSION
2 jaunes d'œufs
36 g de sucre semoule
100 g de lait entier
130 g de crème (35 % MG)
50 g de purée de fruits de la Passion
2 gousses de vanille

LES FRUITS EXOTIQUES
1 kiwi épluché
1 banane épluchée
1 mangue épluchée
1 orange en suprêmes

LA FINITION ET LE DRESSAGE
50 g de noix de coco torréfiée
50 g de noix de coco non torréfiée

01 **LES ŒUFS EN NEIGE**
Dans la cuve d'un robot ou avec un batteur électrique, montez les blancs en neige jusqu'à ce qu'ils soient mousseux.

02 Ajoutez le sucre en pluie et le zeste de citron vert, puis continuez à monter les blancs jusqu'à ce qu'ils soient fermes.

03 Versez les blancs dans des ramequins de 8 cm de diamètre sur 6 cm de haut.

04 Placez-les au micro-ondes à pleine puissance et laissez-les monter 10 à 30 secondes (selon la puissance). Démoulez-les puis découpez-les à l'aide d'un emporte-pièce de 7 cm de diamètre sur 5 cm de haut. Réservez-les au frais, mais pas plus de 1 heure.

05 **LA CRÈME ANGLAISE PASSION**

Dans un saladier, versez les jaunes avec le sucre. Mélangez jusqu'à ce que l'appareil prenne une teinte jaune pâle.

06 Dans une casserole, versez le lait, la crème et la pulpe des gousses de vanille. Faites chauffer.

07 Versez le liquide chaud sur le mélange jaunes-sucre et fouettez le tout.

08 Reversez la préparation dans la casserole, faites cuire en mélangeant avec un fouet jusqu'à ce que la température atteigne 83 °C.

09 Si vous n'avez pas de thermomètre, vérifiez que la crème cuite nappe bien une spatule.

10 Sortez du feu et ajoutez la purée de fruits de la Passion. Laissez refroidir et versez dans un siphon à chantilly. Gazez et réservez au frais.

11 **LES FRUITS EXOTIQUES**
Taillez les fruits en petits cubes, comme une macédoine de légumes. Réunissez-les dans un saladier et réservez-les au frais.

12 **LA FINITION ET LE DRESSAGE**
Roulez les blancs montés dans le mélange de noix de coco.

13 Disposez les fruits dans des coupes ou des assiettes creuses.

14 Versez par-dessus la crème anglaise mousseuse, puis les œufs en neige.

GLOSSAIRE

Anis sauvage
Originaire du bassin méditerranéen et du nord de l'Afrique, son goût réglissé rappelle celui de l'anis étoilé. Issues d'une plante annuelle qui peut atteindre 60 cm, les graines vert-brun sont récoltées en été. Elles dévoilent une odeur chaude, piquante et sucrée. Elles ont des vertus antispasmodiques et diurétiques.

Araignée
Ustensile en fil de fer utilisé pour égoutter les aliments qui se trouvent dans un liquide.

Bouillon de légumes
Ingrédients : 1 carotte / ½ poireau / 1 branche de thym / 1 petite feuille de laurier / 10 grains de poivre noir / 1 oignon / 1 branche de céleri.
Épluchez et lavez tous les légumes. Couvrez-les d'eau froide, portez à ébullition, baissez le feu et laissez cuire 1 à 2 heures. Filtrez et réservez.

Brioche mousseline
Brioche cuite dans un moule droit et rond. Ce dernier lui donne une forme ronde et haute, avec un bout arrondi qui pointe.

Brunoise
Taille des légumes en cubes d'environ 2 mm de côté.

Caraméliser
Cuisson avec du beurre noisette et du sucre qui donne à l'aliment un croustillant rappelant le caramel.

Chou kale
Chou commun non pommé. Variété de choux anciens dont on récolte les feuilles une à une. Très prisé des Américains, le kale est de plus en plus à la mode en France depuis quelques années. Légume antioxydant riche en vitamine K.

Colorer
Démarrer une cuisson avec une matière grasse et donner une coloration blonde, ambrée ou brune à un aliment.

Condiment balsamique blanc
Originaire du nord de l'Italie, ce n'est pas un vinaigre. De couleur transparente aux reflets ambrés, sa saveur est douce mais acidulée. Fabriqué avec les mêmes raisins que le balsamique rouge, il est, lui, non filtré et non vieilli. Il est également mélangé avec du vinaigre de vin blanc.

Cuisson à la nappe
Vérifier la cuisson d'une crème en y plongeant une spatule ou une maryse. Quand la spatule ressort, la crème nappe. Lorsque l'on passe le doigt au milieu, la crème doit rester figée, sans couler sur les bords.

Cuisson à l'anglaise
Plonger les légumes dans une casserole d'eau bouillante salée et les refroidir dans un bain d'eau glacée.

Déglacer
Verser un liquide dans une préparation où il y a des sucs de cuisson et laisser réduire. Cela permet aux sucs (parties qui attachent dans le fond du récipient) de se détacher et de concentrer les saveurs.

Garam masala
Mélange d'épices torréfiées et réduites en poudre originaire d'Inde. *Garam* signifie « chaud », *masala* signifie « mélange ». Il est généralement composé de coriandre, de cumin, de fenugrec, de graines de moutarde, de feuilles de caloupilé et de cardamome, mais aussi, parfois, additionné de cannelle, de clou de girofle, de curcuma et de muscade ou même de poivre noir et de graines de pavot blanc.

Huile de pépins de raisin

L'une des huiles les plus saines, très riche en oméga-6 et pauvre en oméga-3. Parfaite pour les infusions d'herbes (ou d'autres ingrédients) car son goût est neutre : elle permet ainsi de confectionner de très bonnes huiles parfumées. Elle se garde au frais et ne fige pas. À utiliser pour la cuisson et l'assaisonnement.

Maryse

Petit matériel de cuisine muni d'un bout en silicone utilisé pour mélanger des masses délicates. La maryse permet de récupérer tous les éléments d'une préparation sur les bords d'un ustensile. Il en existe de toutes les tailles.

Pimiento del piquillo

Poivron produit à Lodosa, en Espagne (Navarre). On le trouve en conserve et en bocal, mais il est aussi vendu frais. Ce produit est originaire d'Amérique du Sud, où il était consommé par les pré-Incas. C'est Christophe Colomb qui rapporta les premiers poivrons en Europe.

Piment d'Espelette

Originaire d'Amérique du Sud, ce piment a été introduit au Pays basque par un navigateur originaire de Getaria. Bénéficiant d'une AOC depuis le 1er juin 2000 et d'une AOP depuis le 22 août 2008, le piment a son syndicat, sa confrérie, sa fête (à Espelette, dans les Pyrénées-Atlantiques)... Sa culture doit respecter un long cahier des charges. On trouve du piment d'Espelette en conserve, en poudre, en grappes entières séchées ou frais, mais aussi en liqueurs, gelées, confitures...

Rouget-barbet

Poisson de roche de petite taille à la robe rayée brun-sable, avec une petite barbe. On le trouve dans le bassin méditerranéen, au large de Saint-Jean-de-Luz, mais aussi dans certaines régions du Nord, à cause du réchauffement climatique. Il vit en banc ou en couple sur les fonds sableux et de graviers. Il se nourrit de vers et de petits crustacés.

Suer

Cuire un ingrédient avec une matière grasse pour en faire sortir son eau naturelle sans lui donner de coloration.

INDEX

LE RÉGLAGE DES TEMPÉRATURES

Thermostat	1	2	3	4	5	6	7	8	9	10
°C	30	60	90	120	150	180	210	240	270	300
Chaleur	Tiède	Très douce	Douce	Douce	Moyenne	Moyenne	Chaude	Chaude	Très chaude	Très chaude

ÉQUIVALENCES DES POIDS ET DES VOLUMES

Solide			
1 cuillère à café	0,5 cl ou 5 g	**1 noix de beurre**	20 g
1 cuillère à soupe	1,5 cl ou 15 g	**1 œuf**	50 g
1 cuillère à café de levure	3 g	**1 pincée de sel**	4 g
1 cuillère à café de sel/ sucre	5 g	**1 verre de farine**	120 g
1 cuillère à soupe de café/cacao	8 g	**1 verre de riz**	180 g
1 cuillère à soupe de farine/sucre	15 g	**1 verre de semoule**	140 g
1 cuillère à soupe de crème	15 g	**1 verre de sucre**	150 g
1 noisette de beurre	4 g		
Liquide			
1 assiette à soupe	25-30 cl	**1 verre à liqueur**	2,5-3 cl
1 bol	33 cl	**1 tasse à thé**	12-15 cl
1 tasse à café	10 cl	**1 verre à vin**	10-15 cl
1 verre à eau/à moutarde	20-25 cl		

SAISONNALITÉ DES FRUITS ET DES LÉGUMES

	PRINTEMPS	ÉTÉ	AUTOMNE	HIVER
FRUITS	abricot, groseille, mangue, orange sanguine, rhubarbe	abricot, cerise, cassis, figue, fraise, framboise, groseille, melon, mûre, myrtille, nectarine, pamplemousse, pêche, poire, prune, raisin, rhubarbe	ananas, banane, clémentine, coing, figue, melon vert, mûre, nectarine, orange, pamplemousse, poire, pomme, prune, raisin	ananas, banane, canneberge, clémentine, coing, grenade, orange sanguine, pamplemousse, rhubarbe
LÉGUMES	artichaut, asperge, brocoli, céleri, chou-fleur, épinard, fève, oignon nouveau, petit pois, poireau, radis, roquette	asperge, aubergine, blette, concombre, courgette, fenouil, fève, fleur de courgette, girolle, maïs, oignon nouveau, piment, petit pois, pomme de terre, radis, roquette, tomate	aubergine, carotte, céleri, céleri-rave, champignon, chou, chou de Bruxelles, chou frisé, citrouille, courge, courgette, fenouil, mâche, oignon, panais, poireau, poivron rouge, pomme de terre, radis, roquette, rutabaga, tomate, topinambour, truffe	artichaut, brocoli, céleri, céleri-rave, chou de Bruxelles, chou-fleur, chou frisé, chou rouge, courge musquée, cresson, épinard, mâche, oignon, panais, poireau, pomme de terre, rutabaga, topinambour

Cette édition a été spécialement conçue pour
PROMECO
Doornikserijksweg 12, 8550 Courtrai, Belgique

Direction du projet :
Laurence Mentil & Laurent Quaglia

Recettes :
Cyril Lignac

Production exécutive et déléguée :
pressmaker

Direction et coordination éditoriale :
Julie Mathieu & Muriel Tallandier

Photographies :
La Food

Conseiller technique :
Aude Rambour

Stylisme :
Emmanuelle Redaud

Conception graphique :
Pykha Studio Graphique

Secrétariat de rédaction :
Céline de Quéral

Fabrication :
Carine Lapouméroulie pour Labelfab

Achevé d'imprimer en Espagne par Cayfosa
Dépôt légal : août 2015
ISBN 9789090291680